Ambiance Vacances

Titres dans cette série

Heinemann Français Langue Etrangère
Une division de Reed Educational & Professional
Publishing Ltd, Halley Court, Jordan Hill, Oxford OX2 8EJ

OXFORD MADRID FLORENCE ATHENS PRAGUE
SAO PAULO MEXICO CITY CHICAGO
PORTSMOUTH (NH) TOKYO SINGAPORE
KUALA LUMPUR MELBOURNE AUCKLAND
JOHANNESBURG IBADAN GABORONE

Première édition 1997

97 98 99 10 9 8 7 6 5 4 3 2 1

ISBN 0 435 24719 0

Maquette conçue par Green Door Design Ltd

Couverture et illustrations intérieures de Geoff Jones

Imprimé et relié à Malte

Table des matières

Introduction

Lire davantage est une collection de livres de lecture comportant différents niveaux et qui s'adresse aux élèves âgés entre 8 et 16 ans.

Lire davantage encourage les élèves à lire par plaisir et leur offre une excellente opportunité pour élargir leur vocabulaire et développer leur compétence de travail autonome tout en restant guidés.

Cette collection offre une large gamme de sujets qui donneront ou feront retrouver aux élèves l'envie de lire. Ces livres de lecture contiennent des textes authentiques abordant des sujets comme la fiction, la poésie mais aussi des faits réels, etc. **Lire davantage** pourra ainsi s'adapter à des élèves de maturité, de capacité et d'intérêts différents et variés.

Chaque livre contient aussi des exercices de soutien qui encouragent les élèves à se référer de plus près au texte ainsi qu'une liste de vocabulaire multilingue permettant une certaine autonomie.

Lire davantage est composé de quatre niveaux différents: débutant, faux-débutant, pré-intermédiaire et intermédiaire. Ceux-ci se distinguent respectivement par les couleurs jaune, bleu, orange et vert.

Débutant

Les textes sont courts, les phrases simples et les contextes certainement familiers aux élèves.

Faux-débutant

Les textes rassemblent des phrases contenant des expressions et mots nouveaux.

Pré-intermédiaire

Des phrases un peu plus difficiles et un langage un peu moins familier sont contenus dans les textes.

Intermédiaire

Les textes sont un peu plus longs et le contenu plus complexe.

Ambiance Vacances

Nicolas n'a ni frères ni sœurs. Il est fils unique. Et chaque été, pendant les grandes vacances, Nicolas s'ennuie à mourir. Sa famille ne part jamais comme les familles de tous ses copains. Il rêve d'aller à la montagne, comme son copain Philippe, ou au bord de la mer, comme Daniel et Sébastien. Et surtout, il a envie de faire du camping.

Il rêve tellement fort de faire du camping que ses parents décident finalement de l'emmener en vacances en Bretagne.

Ils sont arrivés au camping vers six heures du soir. C'était un camping 3 étoiles dans le sud de la Bretagne, dans la baie de Cornouaille entre Concarneau et Bénodet, face aux Iles des Glénans.

Nicolas a aidé son père à monter la tente orange.
Sa mère a préparé des steaks et une salade verte. Ils ont pris le premier repas des vacances en plein air, devant la petite tente.

Après avoir mangé, Nicolas a fait le tour du terrain de camping. C'était un grand terrain, un vrai village de toile. Et, à 100 mètres, il y avait la plage.

Il y avait une petite piscine avec des chaises-longues blanches tout autour. Il y avait une salle de jeux avec des tables de ping-pong et de babyfoot. Près de l'entrée, à la réception, on vendait des cartes postales.

Plus loin, il y avait un bar animé avec un juke-box et deux flippers, et une crêperie (obligatoire en Bretagne!). Dans un coin derrière la crêperie, Nicolas a découvert une petite alimentation où l'on pouvait commander des croissants pour le lendemain matin.

Avant de se coucher dans son nouveau sac de couchage, il a pris sa serviette et sa brosse à dents et, sous le ciel déjà noir, il a fait sa toilette dans le bloc sanitaire. Tout content, il s'est couché, plein d'espoirs.

Mais Nicolas fut vite déçu. Le lendemain il a fait beau et chaud. Ses parents n'ont pas bougé de la piscine. Nicolas, qui aime bien la natation, s'est amusé pendant une heure à perfectionner son crawl. Il a feuilleté son magazine, et puis ... il a commencé à s'ennuyer.

Allongés sur des chaises-longues, ses parents dormaient tous les deux au soleil. Nicolas a décidé d'aller prendre un Coca au bar. C'est là qu'il a rencontré Paul. Il jouait au flipper avec un si grand enthousiasme que Nicolas a éclaté de rire.

Les deux garçons se sont mis à bavarder. Comme lui, Paul n'était pas à court d'idées pour s'amuser. Mais il devait s'occuper de son petit frère, Yann.

Assis par terre, le petit Yann jouait tranquillement avec des coquillages.
«Si on allait à la plage?» a suggéré Nicolas.
«Ton frère pourrait y trouver plein de coquillages!»
«Je vais chercher mon ballon» a répondu Paul.
«On peut jouer au volley. Il y a toujours plein de jeunes là-bas. Viens, Yann. On va à la plage.»

C'était une immense plage de sable blanc. Sur la mer turquoise on voyait beaucoup de voiliers et de planches à voile. Quelques jeunes jouaient déjà au volley et les deux garçons y ont pris part.

«Yann, tu as ton seau? Tu peux chercher des coquillages, d'accord?» lui a fait Paul. «Nous sommes ici. Tu restes près de nous.»

Nicolas et Paul ont joué près d'une heure au volley avec leurs nouveaux copains. A midi les autres sont partis manger. «On rentre aussi, hein?» a dit Paul. «Yann, Yann! Où est-il?» Son petit frère n'était pas visible. «Je ne le vois pas. Il ne peut pas être loin.»

Les garçons se sont promenés de long en large, en criant: «Yann! Yann!» Paul a commencé à avoir peur: «C'est de ma faute. Je devais m'occuper de lui. Ma mère va me tuer!» Nicolas a vu un gardien de plage qui surveillait la baignade. «Si on demandait au gardien de plage?» a-t-il déclaré. Ils se sont approchés du gardien et lui ont expliqué la situation.

«Un petit garçon de quatre ans qui porte un tee-shirt blanc et un short bleu, oui, il me semble que je l'ai vu.» Le gardien de plage était sympa. «Venez avec moi.»

Soulagés, Paul et Nicolas ont suivi le gardien le long de la plage. Devant la poste du gardien, Yann était assis sur les genoux d'une jeune gardienne de plage. Il avait les larmes aux yeux. Il a demandé à son grand frère: «Tu n'es pas fâché?» Paul lui a souri: «Je suis content de te voir. Petit polisson!»

Ils sont rentrés tous les trois au camping. Devant la tente orange, les parents de Nicolas prenaient un apéritif. La mère de Nicolas était de bonne humeur. «Après tout,» a-t-elle déclaré, «j'aime bien l'ambiance des vacances. Ça fait du bien. C'est très reposant, n'est-ce pas, Nicolas? J'espère que tu ne t'ennuies pas trop.»

Nicolas lui a souri: «Oh, moi, ça va!»

FIN

Activité

Nicolas est au camping. Qu'est-ce qu'il y a? Fais une liste des endroits mentionnés dans l'histoire.

Compréhension

1. Qu'est-ce que Nicolas fait normalement pendant les grandes vacances?
2. Où se trouve le camping?
3. Qui a monté la tente?
4. Qu'est-ce qu'ils ont mangé au premier repas?
5. Qu'est-ce qu'il y avait dans la salle de jeux?
6. Qu'est-ce que Nicolas a fait à la piscine?
7. Qu'est-ce que ses parents ont fait?
8. Que faisait le petit frère de Paul au bar?
9. Qu'est-ce que Nicolas et Paul ont fait à la plage?
10. A midi, qui n'était pas là?
11. Où est Yann?
12. Les parents de Nicolas sont contents de leurs vacances? Et Nicolas?

Vocabulaire

français	allemand	anglais	grec
à court de	nicht verlegen um	short of	λείπει, δεν έχω αρκετά
une alimentation	ein Lebensmittel-geschäft	grocer's shop	ένα παντοπωλείο
une ambiance	eine Stimmung	atmosphere, mood	η ατμόσφαιρα
animé	belebt	lively	ζωντανός (κεφάτος)
le babyfoot	der Tischfußball	table football	το ποδοσφαιράκι
bavarder	reden	to chat	κουβεντιάζω
le bloc sanitaire	die sanitäre Anlage	washrooms, shower block	τα ντουζ
commander	bestellen	to order	παραγγέλνω
un coquillage	eine Muschel	shell	ένα όστρακο
emmener	mitnehmen	to take	παίρνω μαζί μου
s'ennuyer à mourir	sich zu Tode langweilen	to be bored to death	βαριέμαι τρομερά
un fils unique	ein Einzelkind	only child	το μοναχοπαίδι
un flipper	ein Flipper	pinball machine	το φλιπεράκι
monter une tente	ein Zelt aufschlagen	to put up a tent	στήνω μια σκηνή
en plein air	im Freien	in the open air	στην ύπαιθρο
petit polisson	kleiner Bengel	little monkey, rascal	αλητάκο (περιπαιχτικά)
plein d'espoirs	hoffungsvoll	full of hope	γεμάτος ελπίδα
un sac de couchage	ein Schlafsack	sleeping bag	ένας υπνόσακκος
tellement	so sehr	so	τόσο

hollandais	italien	polonais	portugais
te weinig	a corte di	niewiele	com falta de
een levensmidde-lenwinkel	un alimentari	sklep spożywczy	uma mercearia
sfeer	un ambiente	atmosfera	um ambiente
levendig	animato	ożywiony	animada
tafelvoetbal	il calcetto	gra wpiłkarzy	os matraquilhos
kletsen	chiacchierare	gadać	conversar
het toiletgebouw	i servizi	blok sanitarny	as casas de banho
bestellen	ordinare	zamówić	encomendar
schelpen	una conchiglia	muszla	uma conchinha
meenemen	portare	zabrać ze sobą	levar
verveelt zich dood	annoiarsi a morire	nudzić się śmierienie	morrer de pasmo
enige zoon	un figlio unico	jedynak	um filho único
flipperkasten	un flipper	fliper	um 'flipper'
de tent opzetten	montare una tenda	stawiać namiot	armar uma tenda
buiten	all'aperto	na swieżym powietrzu	ao ar livre
kleine rakker	bricconcello	mały ulicznik	maroto
hoopvol	pieno di speranze	pełen nadziei	cheio de esperanças
slaapzak	un sacco a pelo	śpiwór	um saco de dormir
zo	talmente	tak	tanto

français	roumain	russe	suédois
à court de	lipsit de	будучи лишенным	i avsaknad av
une alimentation	o allmentație	питание	en livsmedelsbutik
une ambiance	o atmosferă	настроение, окружение	en stämning
animé	animat	живой	med mycket folk
le babyfoot	fotbal de masă	настольный футбол	fotbollsspelet
bavarder	a flecări	болтать	prata
le bloc sanitaire	bloc sanitar	санузел	tvättbyggnaden
commander	a comanda	заказывать	beställa
un coquillage	o cochilie	раковина	ett snäckskal
emmener	a duce	привести	ta med
s'ennuyer à mourir	a se plictisi de moarte	скучать до смерти	ha dödstråkigt
un fils unique	un fiu unic	единственный сын	enda barnet
un flipper	flipper	флиппер, настольный биллиард	ett flipperspel
monter une tente	a instala un cort	установить палатку	sätta upp ett tält
en plein air	în aer liber	на свежем воздухе	utomhus
petit polisson	mic ștrengar	маленький шалун	lilla rackarunge
plein d'espoirs	plin de speranțe	полный надежд	full av förväntningar
un sac de couchage	un sac de dormit	спальный мешок	en sovsäck
tellement	atât de	так, настолько	så